Impressum
Verlag: BABADADA GmbH, Nedderfeld 112 , 22529 Hamburg
Geschäftsführer / Verlagsleitung: Harald Hof
Druck: Books on Demand GmbH, In de Tarpen 42, 22848 Norderstedt

Imprint
Publisher: BABADADA GmbH, Nedderfeld 112 , 22529 Hamburg, Germany
Managing Director / Publishing direction: Harald Hof
Print: Books on Demand GmbH, In de Tarpen 42, 22848 Norderstedt

בית ספר
School

כיתה
Klassenstuuv
חילק
delen
186/2
לוח
Tafel
Schoolhoff
מורה
Schoolmeester
נייר
Papeer
כתב
schrieven
עט
Sticken
שולחן עבודה
Schrievdisch
סרגל
Lienholt
ספר
Book
תלמיד
Schöler

ילקוט

Ranzel

קלמר

Feddermapp

עיפרון

Bleesticken

מחדד

Scharpmaker

גומי מחיקה

Radeergummi

חוברת סרטוט

Tekenblock

2

בית ספר - School

סרטוט

Teken

מברשת

Pinsel

קופסת צבעים

Malkassen

מספריים

Scheer

דבק

Klever

ספר תרגול

Heft to'n Öven

שיעור בית

Huusopgaav

12

מספר

Tall

2+2

חיבר

tohooptellen

5-2

חיסר

aftrecken

2×2

הכפיל

malnehmen

חישב

reken

A

אות

Bookstaav

ABCDEFG
HIJKLMN
OPQRSTU
VWXYZ

אלפבית

ABC

hello

מילה

Woort

טקסט

Text

קרא

lesen

גיר

Kried

שיעור

Stunn

יומן נוכחות

Klassenbook

מבחן

Pröven

תעודה

Tüügnis

תלבושת בית ספר

Schooluniform

חינוך

Utbillen

אנציקלופדיה

Nakieksel

אוניברסיטה

Universität

מיקרוסקופ

Mikroskop

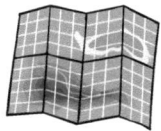

מפה

Koort

סל נייר

Papeerkorf

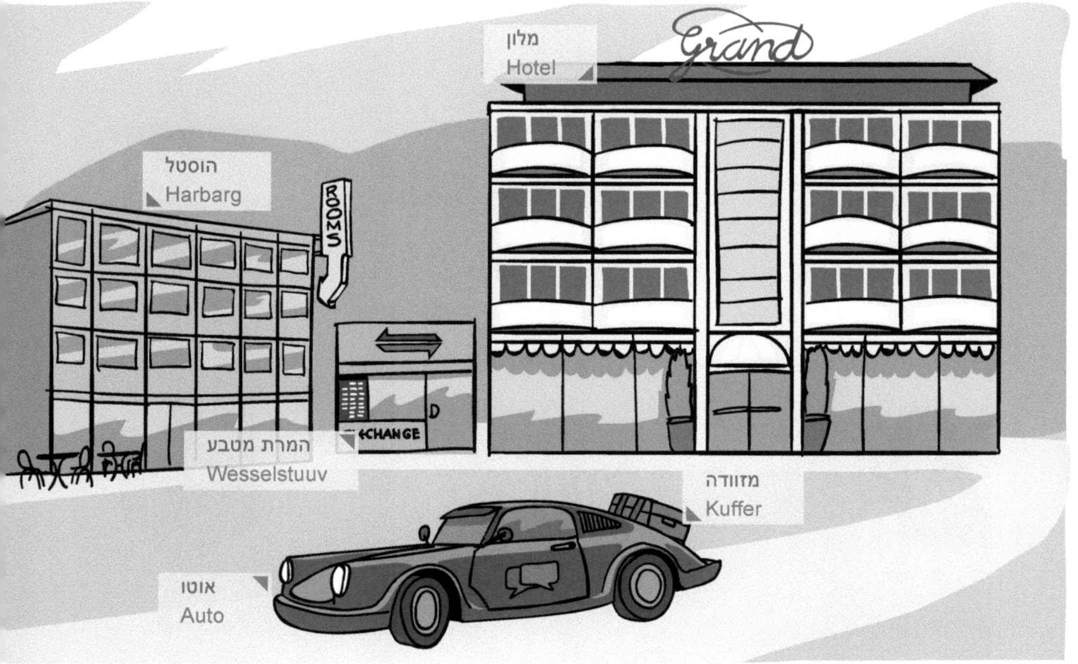

מלון
Hotel

הוסטל
Harbarg

המרת מטבע
Wesselstuuv

מזוודה
Kuffer

אוטו
Auto

שפה
Spraak

כן / לא
jo / ne

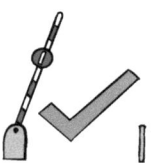

בסדר
Jo

שלום
Moin

מתרגם
Översetter

תודה
Dank ok

כמה עולה.....?
Wat kost…?

אני לא מבין
Ik verstah nich

בעיה
Problem

ערב טוב!
Goden Avend

בוקר טוב!
Moin!

לילה טוב!
Gode Nacht!

להתראות
Tschüüs

כיוון
Richt

כבודה
Bagaasch

תיק
Tasch

תרמיל גב
Rüchsack

אורח
Gast

חדר
Stuuv

שק שינה
Slaapsack

אוהל
Telt

מרכז מידע לתיירים

Touristeninformatschoon

חוף ים

Strand

כרטיס אשראי

Kreditkoort

ארוחת בוקר

Fröhstück

ארוחת צהריים

Meddageten

ארוחת ערב

Avendeten

כרטיס

Fohrkort

מעלית

Fohrstohl

בול

Breefmark

גבול

Grenz

מכס

Toll

שגרירות

Bottschop

אשרה

Visum

דרכון

Pass

תחבורה

Transport

מטוס
Fleger
אונייה
Schipp
כבאית
Füerwehrauto
משאית
Lastwagen
אוטובוס
Autobus
סירת מנוע
Motoorboot
אוטו
Auto
אופניים
Fohrrad

מעבורת

Fähr

סירה

Boot

אופנוע

Motoorrad

ניידת משטרה

Polizeiauto

מכונית מרוץ

Rönnauto

רכב שכור

Lehnwagen

מכוניות בשיתוף
Carsharing

אוטו גרר
Afsleepwagen

משאית זבל
Müllauto

מנוע
Motoor

דלק
Kraftstoff

תחנת דלק
Tanksteed

תמרור
Verkehrsschild

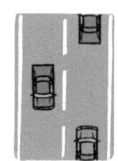

תנועה
Verkehr

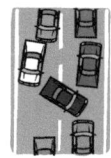

פקק תנועה
Stau

חניה
Afstellplatz

תחנת רכבת
Bahnhoff

פסי רכבת
Sporen

רכבת
Tog

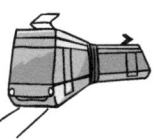

רכבת קלה
Stratenbahn

קרון
Wagon

מסוק

Dwarsmöhl

שדה-תעופה

Flooghaven

מגדל

Tower

נוסע

Fohrgast

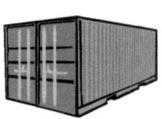

קונטיינר

Grootkist

קרטון

Karton

עגלה

Koor

סל

Korf

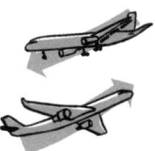

המראה / נחיתה

starten / lannen

עיר

Stadt

כפר

Dörp

מרכז העיר

Binnenstadt

בית

Huus

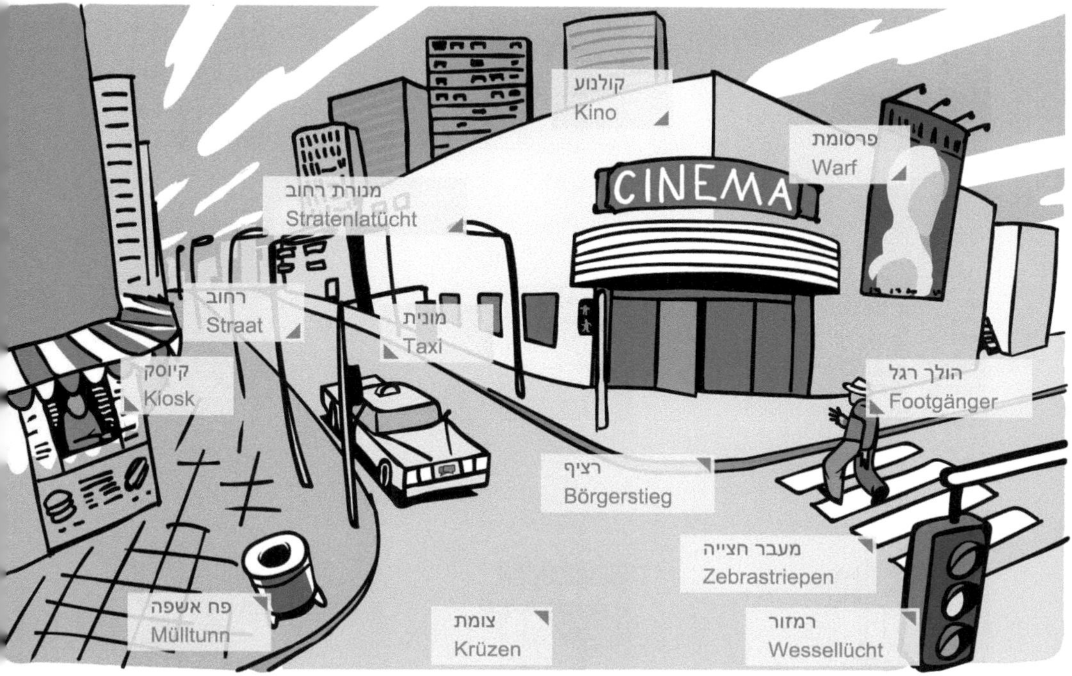

קולנוע
Kino
פרסומת
Warf
CINEMA
מנורת רחוב
Stratenlatücht
רחוב
Straat
מונית
Taxi
קיוסק
Kiosk
הולך רגל
Footgänger
רציף
Börgerstieg
מעבר חצייה
Zebrastriepen
פח אשפה
Mülltunn
צומת
Krüzen
רמזור
Wessellücht

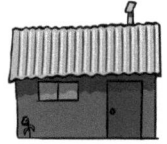

בקתה

Hütt

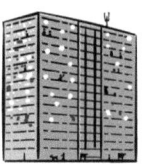

דירה

Wahnung

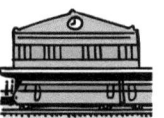

תחנת רכבת

Bahnhoff

עירייה

Raathuus

MUSEUM

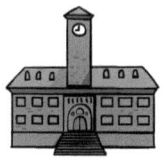

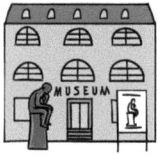

מוזיאון

Museum

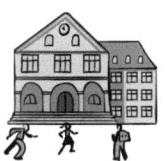

בית ספר

School

אוניברסיטה

Universität

בנק

Bank

בית חולים

Krankenhuus

מלון

Hotel

בית מרקחת

Afteek

משרד

Büro

חנות ספרים

Bookhökerie

חנות

Hökerie

חנות פרחים

Blomenhökerie

סופרמרקט

Supermarkt

שוק

Markt

כל-בו

Koophuus

מוכר דגים

Fischhökerie

קניון

Inkoopszentrum

נמל

Haven

פארק

Parkanlaag

ספסל

Bank

גשר

Brüch

מדרגות

Trepp

רכבת תחתית

Ünnergrundbahn

מנהרה

Tunnel

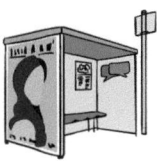

תחנת אוטובוס

Busstoppsteed

בר

Bar

מסעדה

Spieslokal

תא דואר

Breefkassen

שלט רחוב

Stratenschild

מדחן

Parkklock

גן חיות

Deertenpark

בריכת שחיה

Baadanstalt

מסגד

Moschee

חווה

Buernhoff

זיהום

Ümweltversmudden

בית עלמין

Karkhoff

כנסייה

Kark

מגרש משחקים

Speelplatz

בית מקדש

Tempel

נוף
Landschop

עלה
Blatt

תמרור
Wiespahl

דרך
Weg

מרעה
Wisch

אבן
Steen

עץ
Boom

מטייל
Wannerer

נהר
Fluss

דשא
Gras

פרח
Bloom

בקעה

Daal

הר

Barg

אגם

See

יער

Holt

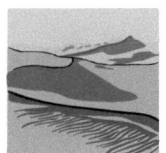

מדבר

Wööst

הר געש

Füerspien Barg

טירה

Slott

קשת בענן

Regenbagen

פטריה

Poggenstohl

דקל

Palm

יתוש

Steekmück

זבוב

Fleeg

נמלה

Miegeemk

דבורה

Imm

עכביש

Spinn

חיפושית

Sebber

צפרדע

Pogg

סנאי

Katteker

קיפוד

Swienegel

ארנב

Haas

ינשוף

Uul

ציפור

Vagel

ברבור

Swaan

חזיר בר

Wildswien

צבי

Hirsch

אייל הקורא

Elk

סכר

Staudamm

טורבינת רוח

Windrad

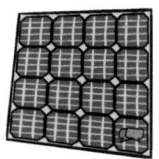

פנל סולארי

Solarmodul

אקלים

Klima

מסעדה

Spieslokal

מלצר
Kellner
תפריט
Spieskoort
כסא
Stohl
מרק
Supp
פיצה
Pizza
סכו"ם
Bestick
מפת שולחן
Dischdeek

מנת פתיחה

Vörspies

מנה עיקרית

Haupteten

קינוח

Nadisch

שתיות

Drünk

אוכל

Eten

בקבוק

Buddel

מזון מהיר

Fastfood

אוכל רחוב

Strateneten

קנקן תה

Teekann

מסכרת

Zuckerdoos

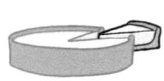

מנה

Portschoon

מכונת אספרסו

Espressomaschien

כסא תינוק

Hoochstohl

חשבון

Reken

מגש

Tablett

סכין

Mess

מזלג

Gavel

כף

Lepel

כפית

Teelepel

מפית

Munddook

כוס

Glas

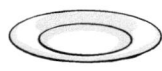

צלחת

Töller

קערת מרק

Suppentöller

תחתית

Ünnertass

רוטב

Sooß

מלחייה

Soltstreuer

מטחנת פלפל

Pepermöhl

חומץ

Etig

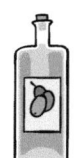

שמן

Ööl

תבלינים

Krüder

קטשופ

Ketchup

חרדל

Mostrich

מיונז

Mayonnaise

סופרמרקט
Supermarkt

מבצע
Anbott
לקוח
Kunn
מוצרי חלב
Melkprodukten
פירות
Aaft
עגלת קניות
Inkoopswagen

אטליז

Slachterie

מאפייה

Bäckerie

שקל

wegen

ירקות

Gröönsaken

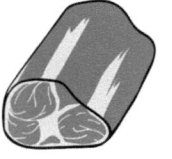

בשר

Fleesch

מזון קפוא

Deepköhlkost

בשר קר

Opsnitt

שימורים

Konserven

אבקת כביסה

Waschmiddel

ממתקים

Snoopkraam

מוצרי בית

Huushooltssaken

חומר ניקוי

Reinmaaktüüch

מוכרת

Verköpersche

קופה

Kass

קופאי

Kasserer

רשימת קניות

Inkoopslist

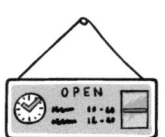

שעות פתיחה

Opsparrtieden

ארנק

Breeftasch

כרטיס אשראי

Kreditkoort

תיק

Tasch

שקית נילון

Plastiktüüt

שתיות

Drünk

מים

Water

מיץ

Saft

חלב

Melk

קולה

Cola

יין

Wien

בירה

Beer

אלכוהול

Spriet

קקאו

Kakao

תה

Tee

קפה

Koffie

אספרסו

Espresso

קפוצ'ינו

Cappucino

אוכל
Eten

בננה

Banaan

תפוח

Appel

תפוז

Appelsien

אבטיח

Meloon

לימון

Zitroon

גזר

Wöttel

שום

Knuuvlook

במבוק

Bambus

בצל

Zibbel

פטריות

Poggenstohl

אגוזים

Nööt

אטריות

Nudeln

ספגטי

Spaghetti

אורז

Ries

סלט

Salat

צ'יפס

Pommes frites

צ'יפס

Braadkantüffeln

פיצה

Pizza

המבורגר

Hamborger

כריך

Sandwich

שניצל

Snitzel

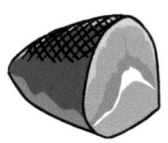

שינקין

Schinken

סלאמי

Salami

נקניקיה

Wust

עוף

Hohn

טיגון

Braden

דג

Fisch

שיבולת שועל

Haverflocken

מוזלי

Müsli

קורנפלקס

Cornflakes

קמח

Mehl

קרואסון

Croissant

לחמנייה

Rundstück

לחם

Broot

טוסט

Toast

עוגיות

Keksen

חמאה

Botter

גבינה לבנה

Quark

עוגה

Koken

ביצה

Ei

ביצת עין

Spegelei

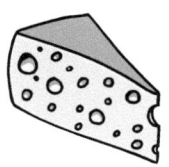

גבינה

Kees

גלידה

Ies

סוכר

Zucker

דבש

Honnig

ריבה

Marmelaad

ממרח נוגט

Nougat-Creme

קארי

Curry

חווה

Buernhoff

Buernhuus
אסם
Schüün
חבילת שחת
Strohballen
שדה
Feld
סוס
Peerd
עגלת נגרר
Hänger
סייח
Fahlen
טרקטור
Trecker
חמור
Esel
כבש
Schaap
טלה
Lamm

עז

Zeeg

פרה

Koh

עגל

Kalf

חזיר

Swien

חזרזיר

Farken

שור

Bull

אווז

Goos

ברווז

Aant

אפרוח

Küken

תרנגולת

Hohn

תרנגול

Hahn

חולדה

Rott

חתול

Katt

עכבר

Muus

שור

Oss

כלב

Hund

מלונה

Hunnenhütt

צינור השקיה

Goornslauch

קנקן מים

Geetkann

חרמש

Lee

מחרשה

Ploog

מגל

Sich

מגרפה

Hack

קלשון

Mestfork

גרזן

Ext

מריצה

Schuufkoor

שוקת

Trog

כד חלב

Melkkann

שק

Sack

גדר

Tuun

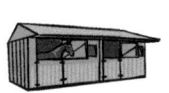

אורווה

Stall

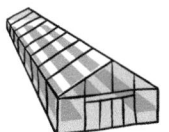

חממה

Drievhuus

אדמה

Bodden

זרע

Saat

דשן

Dünger

מקצרה

Meihdöscher

קצר

oornen

קציר

Oorn

בטטה אפריקנית

Yamswöttel

חיטה

Weten

סויה

Soja

תפוח אדמה

Kantüffel

תירס

Törksche Weten

קנולה

Rapp

עץ פירות

Aaftboom

קסבה

Troopsch Kantüffel

דגנים

Koorn

בית
Huus

ארובה
Schosteen
גג
Dack
מרזב
Regenrönn
חלון
Finster
מוסך
Garaasch
פעמון
Döörklock
דלת
Döör
פח אשפה
Müllemmer
תיבת מכתבים
Breefkassen
גינה
Goorn

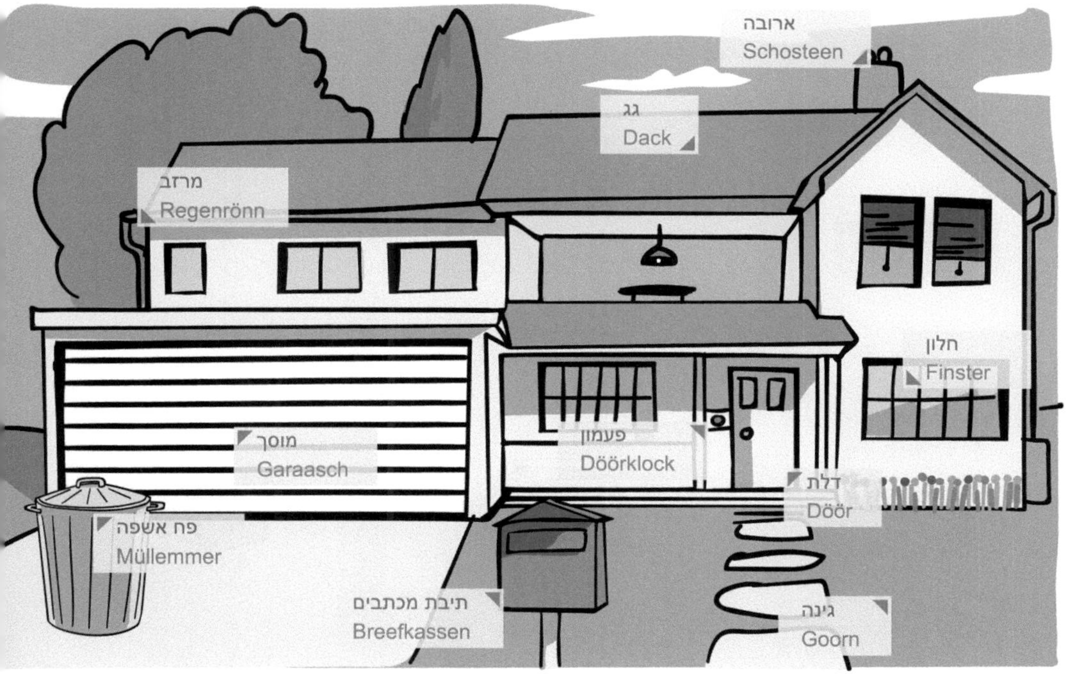

סלון

Wahnstuuv

חדר אמבטיה

Baadstuuv

מטבח

Köök

חדר שינה

Slaapstuuv

חדר ילדים

Kinnerstuuv

חדר אוכל

Eetstuuv

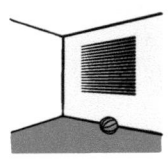

רצפה

Footbodden

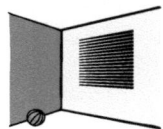

קיר

Wand

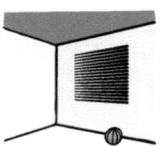

תקרה

Deek

מרתף

Keller

סאונה

Hittluftbad

מרפסת

Balkon

מרפסת

Terrass

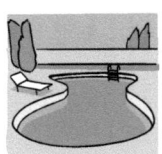

בריכה

Swümmbad

מכסחת דשא

Rasenmeiher

סדין

Bettbetog

כיסוי מיטה

Bettdeek

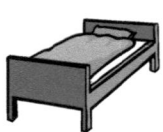

מיטה

Puuch

מטאטא

Bessen

דלי

Emmer

מפסק

Schalter

סלון
Wahnstuuv

טפט
Tapeet
תמונה
Bild
מנורה
Lamp
מדף
Regal
ארון
Schapp
טלוויזיה
Kiekkassen
אח
Kamin
פרח
Bloom
כרית
Küssen
ספה
Sofa
אגרטל
Vaas
שלט רחוק
Feernbedenen

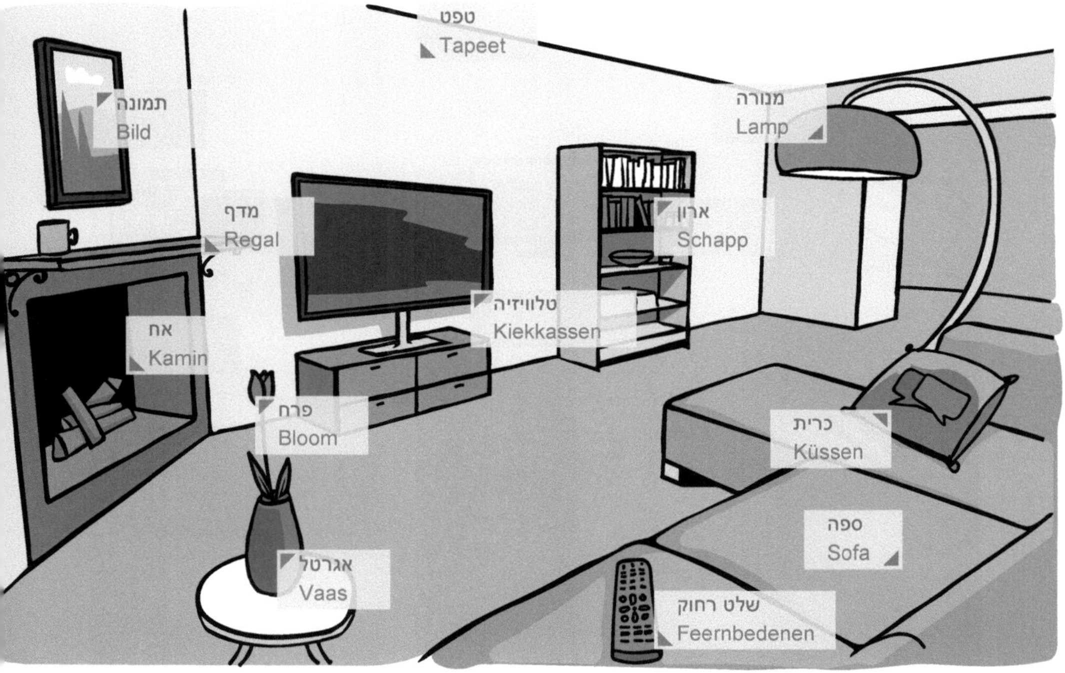

שטיח

Teppich

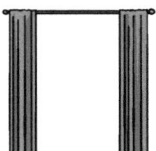

וילון

Vörhang

שולחן

Disch

כסא

Stohl

כיסא נדנדה

Schuckelstohl

כורסה

Sessel

ספר

Book

שמיכה

Deek

דקורציה

Dekoratschoon

עצי הסקה

Füerholt

סרט

Film

מערכת סטריאו

Stereoanlaag

מפתח

Slötel

עיתון

Narichtenblatt

ציור

Gemälde

פוסטר

Poster

רדיו

Radio

מחברת

Opschrievblock

שואב אבק

Huulbessen

קקטוס

Kaktus

נר

Kars

מטבח
Köök

מקרר
Köhlschapp
מיקרוגל
Mikrowell
Kökenwaag
טוסטר
Toaster
חומר ניקוי
Reinmaakmiddel
תנור
Backaven
מקפיא
Gefreerfack
פח אשפה
Müllemmer
מדיח כלים
Opwaschmaschien

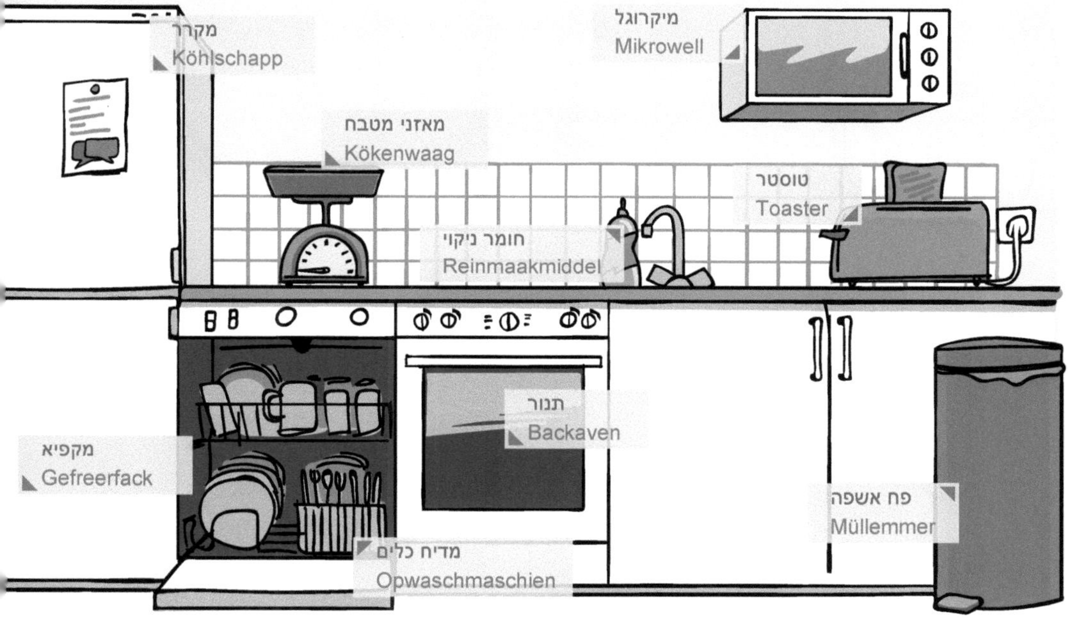

תנור
Heerd

סיר
Pott

סיר ברזל
Gussiesern Putt

ווק
Wok / Kadai

מחבת
Pann

קומקום חשמלי
Waterkaker

מאדה

Dampkaakputt

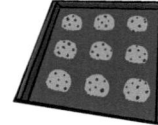

מגש אפייה

Backblick

כלי אוכל

Geschirr

ספל

Beker

קערה

Schaal

צ'ופסטיקס

Eetsticken

מצקת

Suppenkell

מרית

Pannenwenner

מטרפה

Sneebessen

מסננת בישול

Kaakseef

מסננת

Seef

מגררת

Riev

מכתש

Mörser

גריל

Grill

מדורה

Füerstell

קרש חיתוך

Sniedbrett

מערוך

Nudelholt

פותחן פקקים

Proppentrecker

פחית

Doos

פותחן קופסאות

Dosenaapner

מטלית

Pottlappen

כיור

Waschbecken

מברשת

Böst

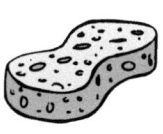

ספוג

Swamm

בלנדר

Mixer

מקפיא

Iesschapp

בקבוק לתינוק

Nuckelbuddel

ברז

Waterhahn

חדר אמבטיה
Baadstuuv

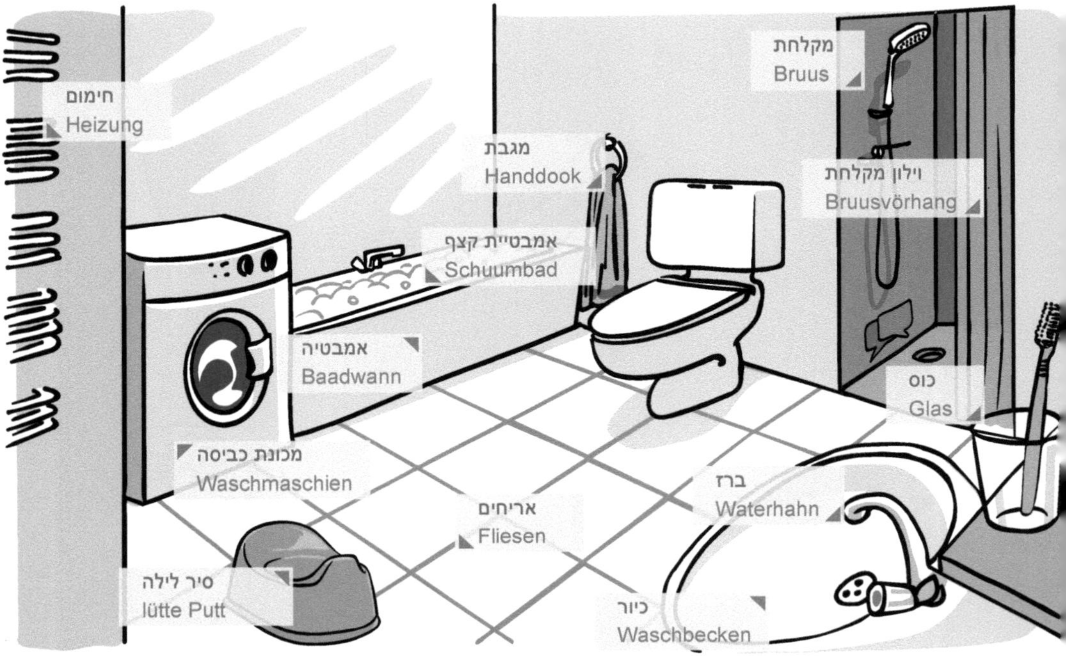

חימום
Heizung
מגבת
Handdook
מקלחת
Bruus
וילון מקלחת
Bruusvörhang
אמבטיית קצף
Schuumbad
אמבטיה
Baadwann
כוס
Glas
מכונת כביסה
Waschmaschien
ברז
Waterhahn
אריחים
Fliesen
סיר לילה
lütte Putt
כיור
Waschbecken

אסלה
Tante Meier

אסלת כריעה
Hockklo

בידה
Bidet

משתנה
Miegbecken

נייר טואלט
Klopapeer

מברשת אסלה
Kloböst

מברשת שיניים

Tähnböst

משחת שיניים

Tähnpast

חוט דנטלי

Tähnsied

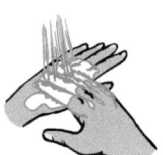

שטף

waschen

מקלחת יד

Handbruus

צינור שטיפה לשירותים

Intimbruus

קערת רחצה

Waschschöttel

מברשת גב

Rüchböst

סבון

Seep

ג'ל רחצה

Bruusgeel

שמפו

Hoorwaschmiddel

ליפה

Waschlappen

ניקוז

Afloop

קרם

Creme

דיאודורנט

Deodorant

מראה
....
Spegel

מראת יד
....
Kosmetikspegel

סכין גילוח
....
Raserer

קצף גילוח
....
Raseerschuum

אפטרשייב
....
Raseerwater

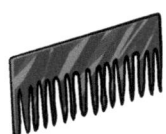

מסרק
....
Kamm

מברשת
....
Böst

מייבש שיער
....
Hoordröger

ספריי לשיער
....
Hoorspray

איפור
....
Smink

שפתון
....
Lippensticken

לק
....
Nagellack

צמר גפן
....
Watt

מספריים לציפורניים
....
Nagelscheer

בושם
....
Rüükwater

תיק כלי רחצה

Kulturbüdel

שרפרף

Schemel

משקל

Waag

חלוק רחצה

Baadmantel

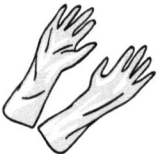

כפפות גומי

Gummihanschen

טמפון

Tampon

תחבושת סניטרית

Damenbinn

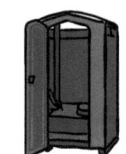

שירותים כימיקליים

Chemieklo

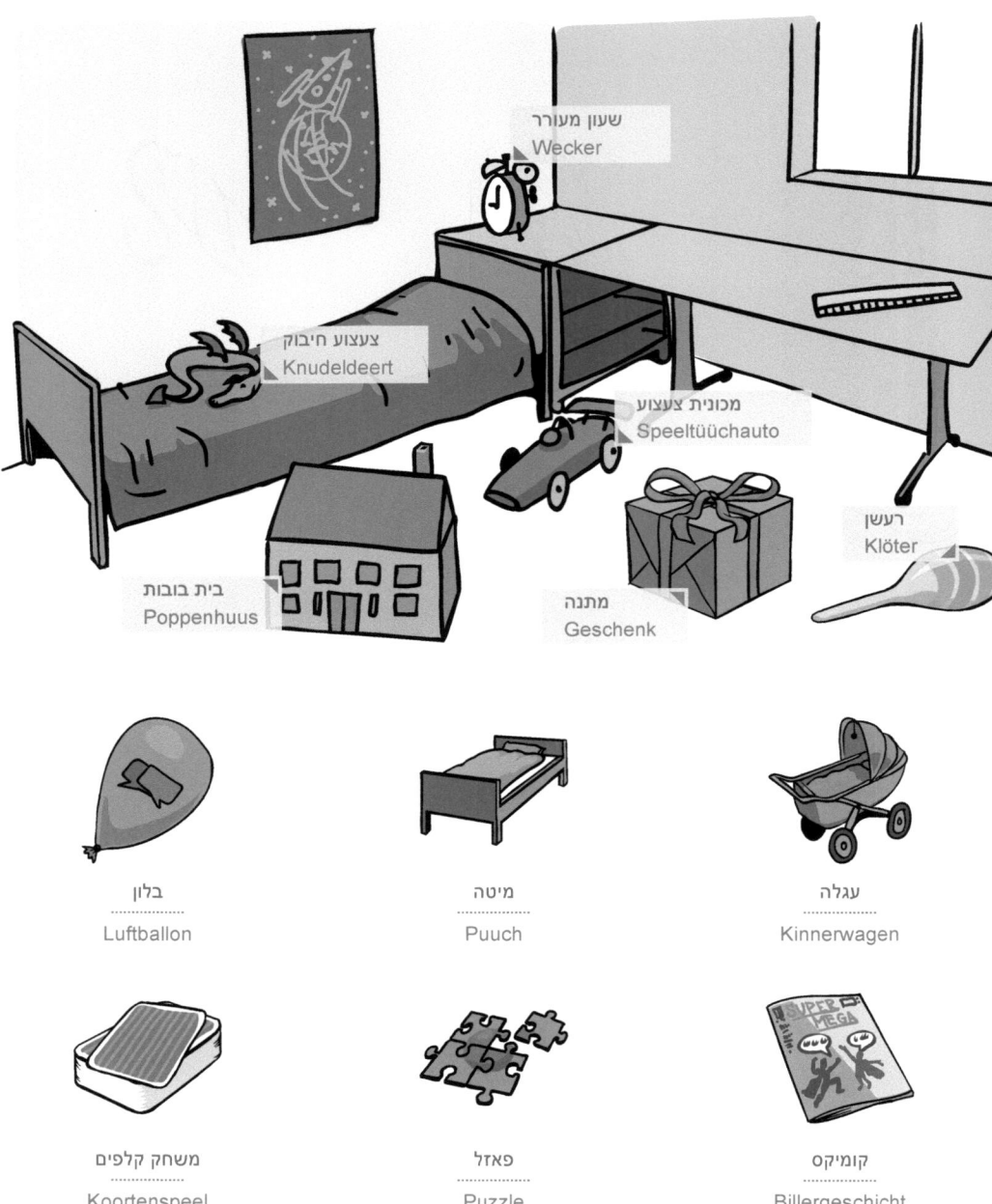

חדר ילדים

Kinnerstuuv

שעון מעורר
Wecker
צעצוע חיבוק
Knudeldeert
מכונית צעצוע
Speeltüüchauto
רעשן
Klöter
בית בובות
Poppenhuus
מתנה
Geschenk

בלון

Luftballon

מיטה

Puuch

עגלה

Kinnerwagen

משחק קלפים

Koortenspeel

פאזל

Puzzle

קומיקס

Billergeschicht

לגו

Legostenen

קוביות משחק

Bustenen

דמות משחק

Action-Figur

סרבל תינוקות

Strampelantog

פריזבי

Frisbeeschiev

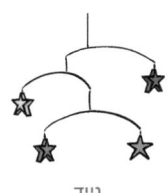

נייד

Mobile

משחק לוח

Brettspeel

קוביה

Wörpel

רכבת צעצוע

Modelliesenbahn

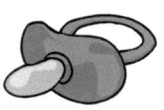

מוצץ

Snuller

מסיבה

Party

אלבום תמונות

Billerbook

כדור

Ball

בובה

Popp

שיחק

spelen

ארגז חול

Sandkassen

נדנדה

Schuckel

צעצועים

Speeltüüch

קונסולת משחקים

Speelkonsool

אופניים תלת גלגלי

Dreerad

דובון

Teddyboor

ארון בגדים

Klederschapp

בגדים

Tüüch

גרביים

Socken

גרביונים

Strümp

גרביון

Strumpbüx

צעיף
Halsdook

חגורה
Liefreem

מטריה
Paraplü

חולצת טי
T-Shirt

מגפיים
Stevel

נעלי בית
Puuschen

נעלי ספורט
Turnschoh

סנדלים	נעליים	מגפי גומי
Sandalen	Schoh	Gummistevel
תחתונים	חזייה	וסט
Ünnerbüx	Bostholler	Ünnerhemd

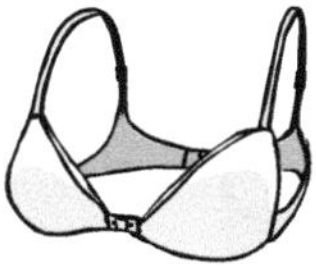

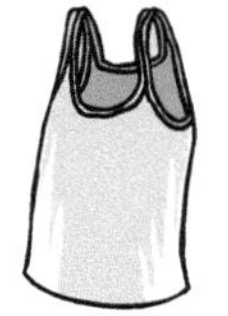

גוף

Lief

מכנסיים

Büx

ג'ינס

Jeansnüx

חצאית

Rock

חולצה מכופתרת

Bluus

חולצה

Hemd

אפודה

Pullover

סווצ'ר עם קפוצ'ון

Kapuzenpullover

בלייזר

Blazer

ז'קט

Jack

מעיל

Mantel

מעיל גשם

Övertrecker

תלבושת

Kostüm

שמלה

Kleed

שמלת כלה

Hochtietskleed

חליפה

Antog

כותונת לילה

Nachtkleed

פיג'מה

Slaapantog

סארי

Sari

מטפחת ראש

Koppdook

טורבן

Turban

בורקה

Burka

קאפטן

Kaftan

עבאיה

Abaya

בגד ים

Baadantog

בגד ים

Baadbüx

מכנסיים קצרים

Korte Büx

בגד אימון

Antog to'n Öven

סינר

Schört

כפפות

Handschoh

כפתור

Knopp

משקפיים

Brill

צמיד יד

Armband

שרשרת

Halskeed

טבעת

Ring

עגיל

Ohrbummel

כובע

Mütz

קולב

Klederbögel

כובע

Hoot

עניבה

Binner

רוכסן

Rietslüter

קסדה

Helm

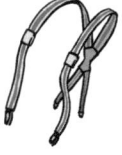

כתפיות

Drachtband

תלבושת בית ספר

Schooluniform

מדים

Uniform

מפית אוכל

Severböten

מוצץ

Snuller

חיתול

Winnel

משרד

Büro

שרת
Server
תיקייה
Aktenschapp
מדפסת
Drucker
נייר
Papeer
מסך
Bildschirm
עכבר
Muus
שולחן עבודה
Schrievdisch
תיק
Orner
מקלדת
Knoopboord
סל נייר
Papeerkorf
מחשב
Computer
כסא
Stohl

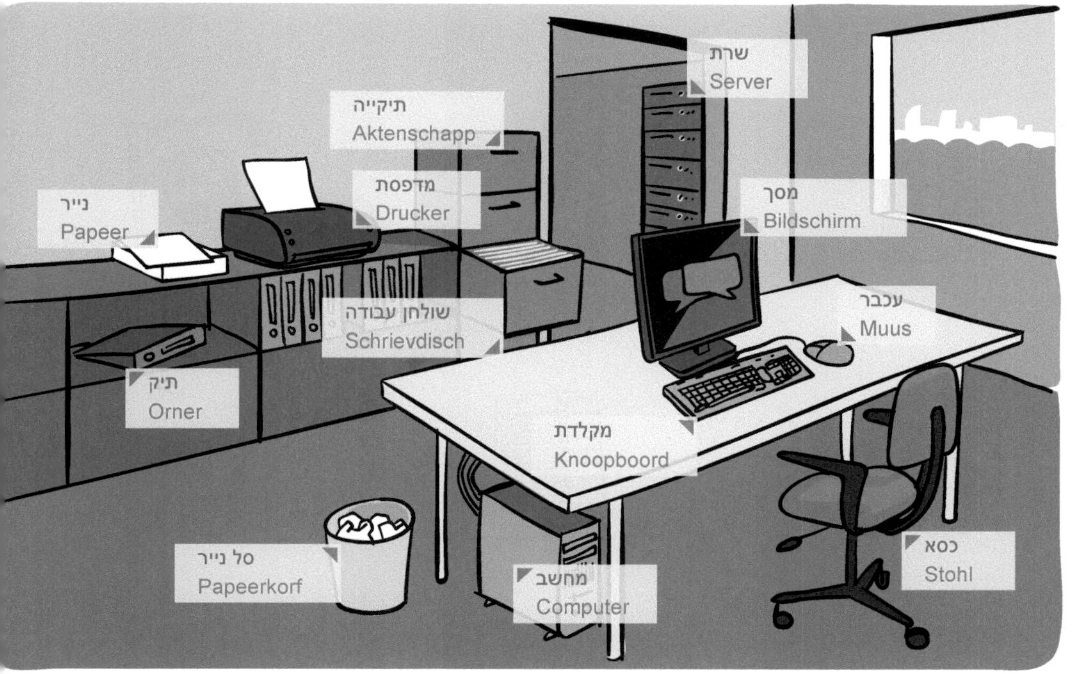

ספל קפה

Koffiebeker

מחשבון

Taschenreekner

אינטרנט

Internet

מחשב נייד

Klappreekner

מכתב

Breef

הודעה

Naricht

נייד

Ackersnacker

רשת

Nettwark

מכונת צילום

Kopeerapparat

תוכנה

Software

טלפון

Klöönkassen

שקע

Steekdoos

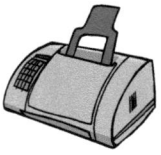

פקס

Faxapparat

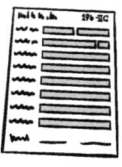

טופס

Formulor

מסמך

Dokument

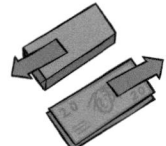

קנה

köpen

שילם

betahlen

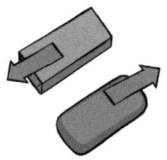

סחר

hanneln

כסף

Geld

דולר

Dollar

יורו

Euro

ין

Yen

רובל

Ruvel

פרנק שווייצרי

Swiezer Franken

יואן רנמינבי

Renminbi Yuan

רופי

Rupie

כספומט

Geldautomat

המרת מטבע

Wesselstuuv

זהב

Gold

כסף

Sülver

נפט

Ööl

אנרגיה

Energie

מחיר

Pries

חוזה

Verdrag

מס

Stüer

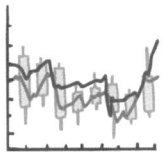

מנייה

Andeelschien

עבד

arbeiden

עובד

Anstellte

מעסיק

Arbeitgever

מפעל

Fabrik

חנות

Hökerie

מקצועות
Profeschonen

שוטר
Wachtmeester
כבאי
Füerwehrmann
טבח
Kock
רופא
Dokter
טייס
Fleger

גנן

Goorner

נגר

Discher

תופרת

Neihersche

שופט

Richter

כימאי

Chemiker

שחקן

Schauspeler

נהג אוטובוס

Busfohrer

נהג מונית

Taxifohrer

דייג

Fischer

עובדת נקיון

Reinmaakfru

מתקן גגות

Dackdecker

מלצר

Kellner

צייד

Jäger

צייר

Maler

אופה

Bäcker

חשמלאי

Elektriker

עובד בניין

Buarbeider

מהנדס

Ingenieur

קצב

Slachter

אינסטלטור

Klempner

דוור

Postbüdel

חייל

Suldat

אדריכל

Architekt

קופאי

Kasserer

מוכר פרחים

Florist

ספר

Putzbüdel

כרטיסן

Schaffner

מכונאי

Mechaniker

קברניט

Kaptein

רופא שיניים

Tähndokter

מדען

Wetenschopler

רב

Rabbi

אימאם

Imam

נזיר

Mönk

כומר

Paap

כלי עבודה
Warktüüch

צבת
Tang
פטיש
Hamer
מברג
Schruvendreiher
פנס
Taschenlamp
מפתח ברגים
Schruvenslötel

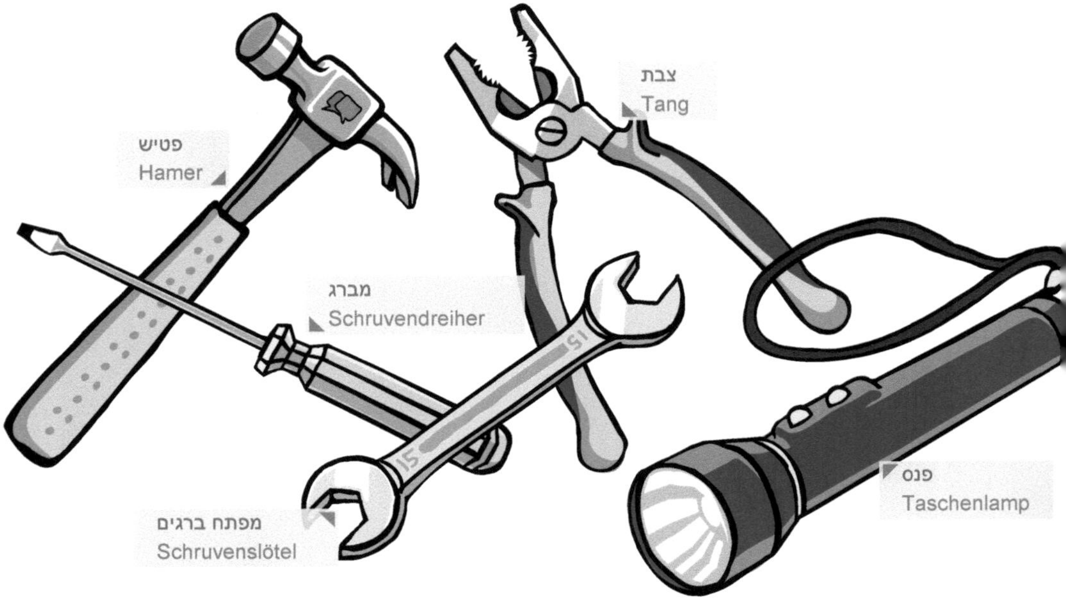

דחפור

Grieper

ארגז כלים

Warktüüchkassen

סולם

Ledder

מסור

Saag

מסמרים

Nagels

מקדחה

Bohrer

תיקן

heelmaken

את חפירה

Schüffel

לעזאזל!

Schiet!

יעה

Kehrblick

פח צבע

Farvpott

ברגים

Schruven

כלי נגינה

Musikinstrumenten

רמקול
Luutsnacker
מערכת תופים
Slagtüüch
גיטרה
Rietfiedel
קונטראבס
Bass-Vigelien
חצוצרה
Trumpeet

פסנתר

Klaveer

כינור

Vigelien

בס

Bass

תוף הדוד

Pauk

תופים

Trummeln

מקלדת פסנתר

Keyboard

סקסופון

Saxophon

חליל

Fleut

מיקרופון

Mikrofoon

גן חיות

Deertenpark

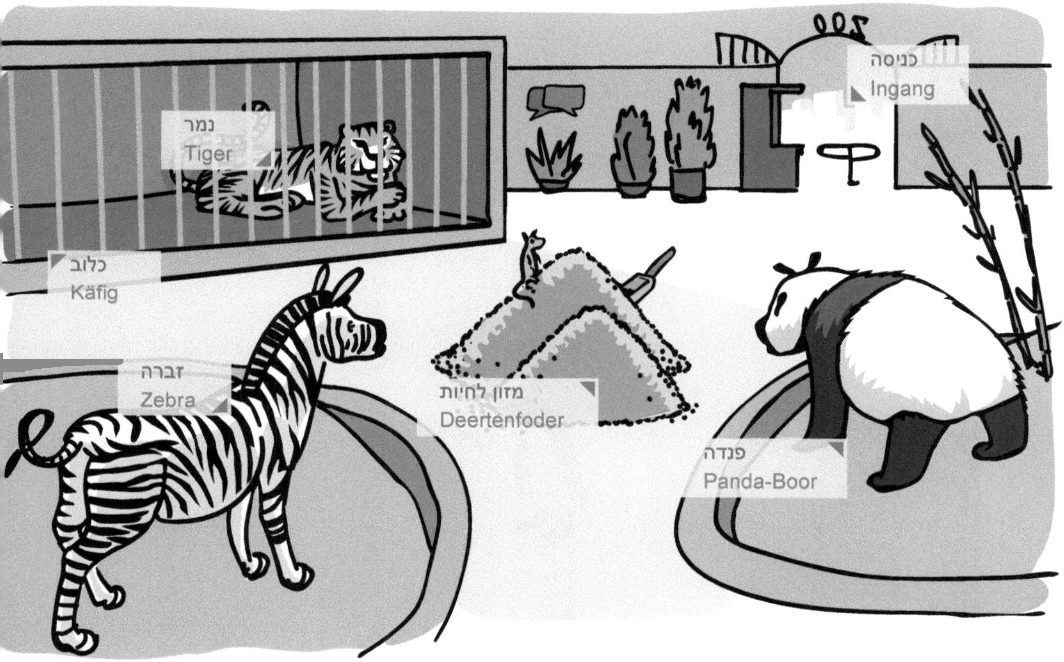
כניסה
Ingang
נמר
Tiger
כלוב
Käfig
זברה
Zebra
מזון לחיות
Deertenfoder
פנדה
Panda-Boor

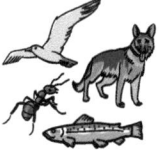

בעלי חיים

Deerten

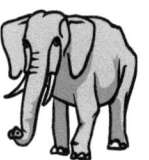

פיל

Elefant

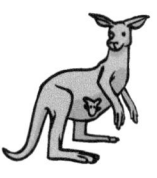

קנגרו

Känguru

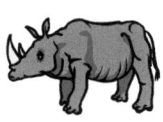

קרנף

Neeshoorn

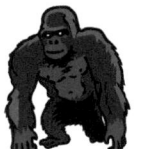

גורילה

Gorilla

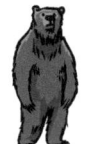

דוב

Boor

גמל

Kameel

יען

Struuß

אריה

Lööv

קוף

Aap

פלמינגו

Flamingo

תוכי

Papagoi

דוב הקרח

Iesboor

פינגווין

Pinguin

כריש

Haifisch

טווס

Pageluun

נחש

Slang

תנין

Krokodil

שומר גן החיות

Oppasser in'n Deertenpark

כלב ים

Saalhund

יגואר

Jaguor

סוס פוני

Pony

לאופרד

Leopard

היפופוטאם

Nilpeerd

ג'ירפה

Giraff

נשר

Aadler

חזיר בר

Wildswien

דג

Fisch

צב

Schildkrööt

סוס ים

Walross

שועל

Voss

איילה

Gazell

ספורט
Sport

פוטבול אמריקאי
Amerikaansch Football
רכיבת אופניים
Radfohren
טניס
Tennis
כדורסל
Korfball
שחיה
Swümmen
אגרוף
Boxen
הוקי
Ieshockey

כדורגל

Football

בדמינטון

Fedderball

אתלטיקה

Leichtathletik

כדור-יד

Handball

עשה סקי

Skilopen

פולו

Polo

פעילויות
Aktivitäten

צחק
lachen
קפץ
springen
חיבק
ümarmen
הלך
gahn
שר
singen
חלם
drömen
התפלל
beden
נשק
snuteln

כתב
....
schrieven

צייר
....
teken

הראה
....
wiesen

דחף
....
drücken

נתן
....
geven

לקח
....
nehmen

יש / להיות הבעלים

hebben

עשה

doon

היה

sien

עמד

stahn

רץ

lopen

משך

trecken

זרק

smieten

נפל

fallen

שכב

liggen

חיכה

töven

סחב

dregen

ישב

sitten

התלבש

antrecken

ישן

slapen

התעורר

opwaken

הסתכל ב-

ankieken

בכה

wenen

ליטף

eien

סירק

kämmen

דיבר

snacken

הבין

verstahn

שאל

fragen

שמע

hören

שתה

drinken

אכל

eten

סידר

oprümen

אהב

leefhebben

בישל

kaken

נהג

fohren

עף

flegen

שט

segeln

חישב

reken

קרא

lesen

למד

lehren

עבד

arbeiden

התחתן

de Plünnen tohoopsmieten

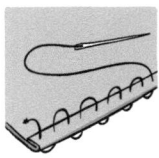

תפר

neihen

ציחצח שיניים

Tähnen putzen

הרג

dootmaken

עישן

smöken

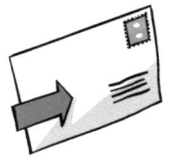

שלח

schicken

משפחה
Familje

סבתא
Grootmoder
סבא
Grootvadder
אבא
Vadder
אימא
Moder
תינוק
Winnelkind
בת
Dochter
בן
Söhn

אורח

Gast

דודה

Tant

דוד

Unkel

אח

Broder

אחות

Süster

גוף
Lief

מצח
Vörkopp
עין
Oog
פנים
Gesicht
סנטר
Kinn
אצבע
Finger
כף יד
Hand
כתף
Schuller
חזה
Bost
זרוע
Arm
רגל
Been

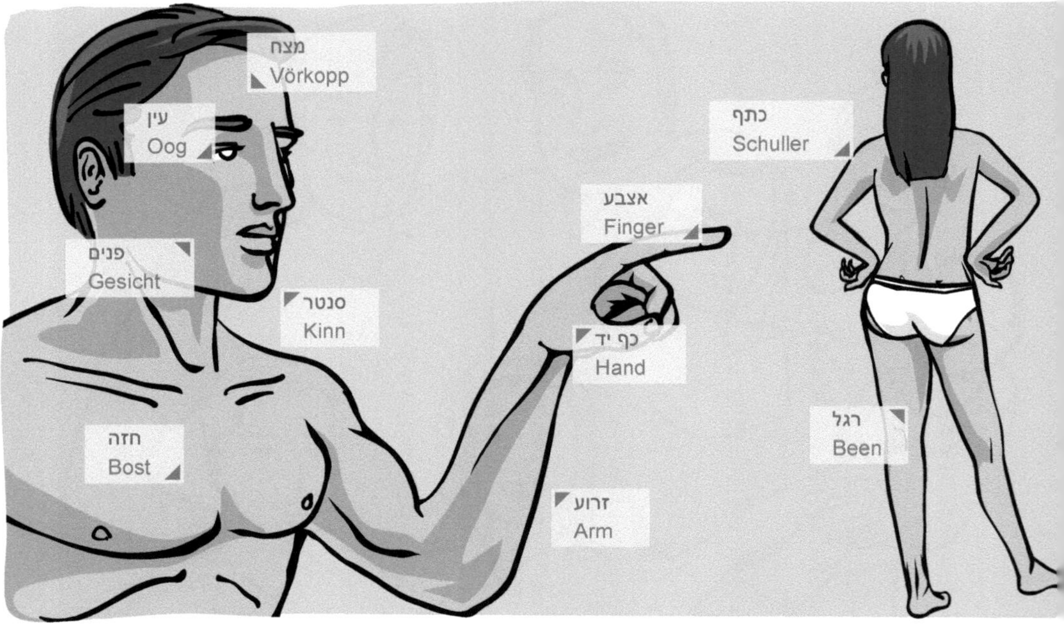

תינוק

Winnelkind

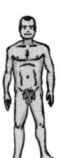

איש

Mann

אישה

Fro

ילדה

Deern

ילד

Jung

ראש

Arm

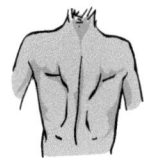

גב
Rüch

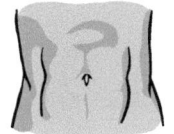

בטן
Buuk

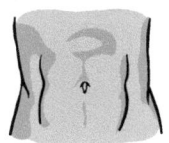

טבור
Navel

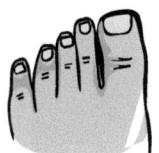

אצבע
Teh

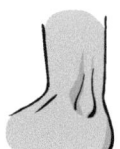

עקב
Hack

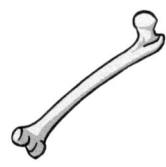

עצם
Knaken

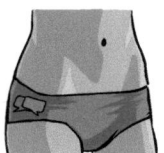

ירך
Hüft

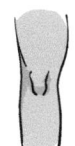

ברך
Knee

מרפק
Ellbagen

אף
Nees

עכוז
Achtersen

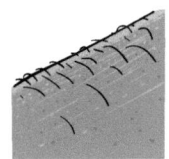

עור
Huut

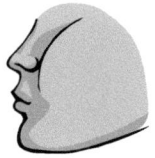

לחי
Back

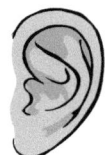

אוזן
Ohr

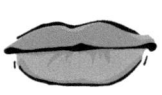

שפתיים
Lipp

פה

Mund

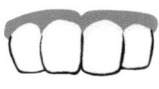

שן

Tähn

לשון

Tung

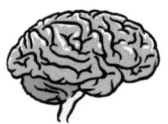

מוח

Bregen

לב

Hart

שריר

Muskel

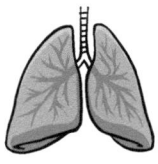

ריאה

Lung

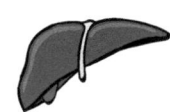

כבד

Lever

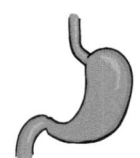

קיבה

Maag

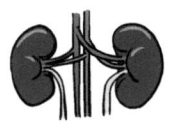

כליות

Neren

מין

Bislaap

קונדום

Kondoom

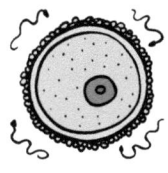

ביצית

Eizell

זרע

Sperma

הריון

Anner Ümstänn

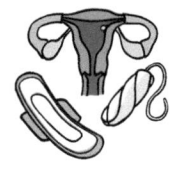

וסת

Menstruatschoon

נרתיק

Scheed

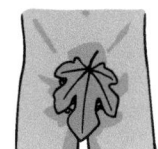

פין

Pint

גבה

Ogenbroe

שיער

Hoor

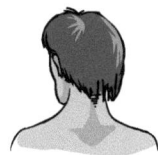

צוואר

Hals

בית חולים
Krankenhuus

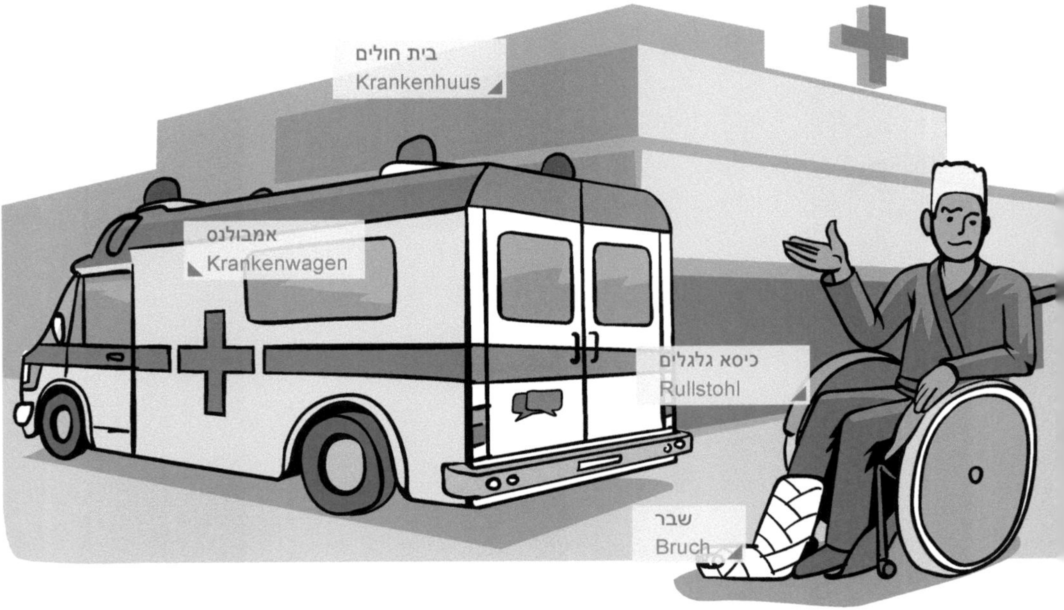

בית חולים
Krankenhuus
אמבולנס
Krankenwagen
כיסא גלגלים
Rullstohl
שבר
Bruch

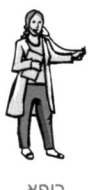

רופא

Dokter

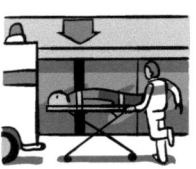

חדר מיון

Nootopnahm

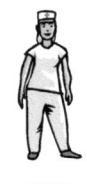

אחות

Krankensüster

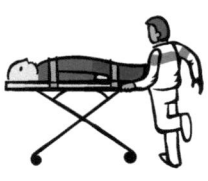

חירום

Nootfall

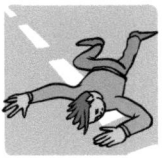

חסר הכרה

ahnmächtig

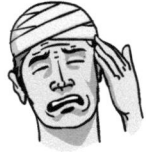

כאב

Wehdaag

פציעה
Verwunnen

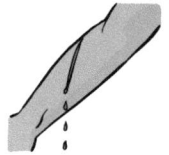

דימום
Blöden

התקף לב
Hartinfarkt

שבץ
Slaganfall

אלרגיה
Allergie

שיעול
Hoosten

חום
Fever

שפעת
Gripp

שלשול
Dörchfall

כאב ראש
Koppwehdaag

סרטן
Kreeft

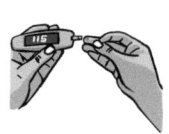

סוכרת
Zuckersüük

מנתח
Chirurg

אזמל
Chirurgsch Mess

ניתוח
Operatschoon

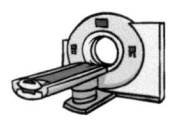

סי-טי

CT

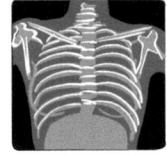

רנטגן

Dörchlüchten

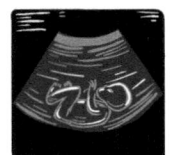

אולטרסאונד

Ultraschall

מסיכת פנים

Mask

מחלה

Krankheit

חדר המתנה

Töövruum

קבה

Krück

פלסטר

Plaaster

תחבושת

Verband

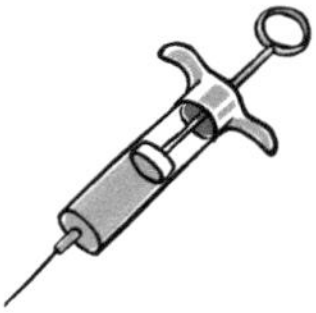

זריקה

Insprütten

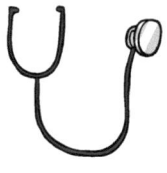

סטטוסקופ

Stethoskop

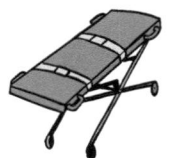

אלונקה

Draag

מד חום

Feverthermometer

לידה

Geboort

עודף משקל

Övergewicht

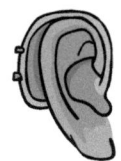

מכשיר שמיעה

Höörapparat

מחטא

Kiemfriemiddel

זיהום

Ansteken

נגיף

Virus

איידס

HIV / AIDS

תרופה

Heelmiddel

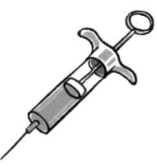

חיסון

Impen

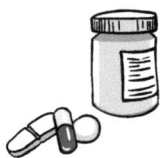

טבליות

Tabletten

גלולה

Pill

קריאת חירום

Nootroop

מד לחץ דם

Blootdruck-Meter

חולה / בריא

krank / gesund

הצילו!
....
Hölp!

אזעקה
....
Alarm

פשיטה
....
Överfall

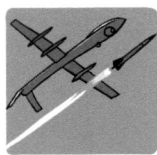

תקיפה
....
Angreep

סכנה
....
Gefohr

יציאת חירום
....
Nootutgang

אש!
....
Füer!

מטף כיבוי
....
Füerlöscher

תאונה
....
Unfall

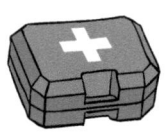

ערכת עזרה ראשונה
....
Noothölpkoffer

הצילו!
....
SOS

משטרה
....
Polizei

כדור הארץ

Eerd

אירופה

....

Europa

צפון אמריקה

....

Noordamerika

דרום אמריקה

....

Süüdamerika

אפריקה

....

Afrika

אסיה

....

Asien

אוסטרליה

....

Australien

האוקיינוס האטלנטי

....

Atlantik

האוקיינוס השקט

....

Pazifik

האוקיינוס ההודי

....

Indisch Weltmeer

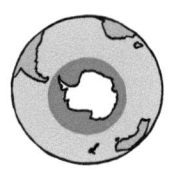

האוקיינוס האנטרקטי

....

Antarktisch Weltmeer

האוקיינוס הארקטי

....

Arktisch Weltmeer

הקוטב הצפוני

....

Noordpol

הקוטב הדרומי

Süüdpol

אנטארקטיקה

Antarktis

כדור הארץ

Eerd

אדמה

Land

ים

See

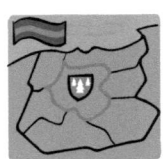

אי

Eiland

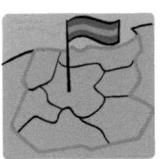

לאום

Natschoon

מדינה

Staat

שעון
Klock

פני השעון

Tallenblatt

מחוג השעות

Stunnenwieser

מחוג הדקות

Minutenwieser

מחוג השניות

Sekunnenwieser

מה השעה?

Wo laat is dat?

יום

Dag

זמן

Tiet

עכשיו

nu

שעון דיגיטלי

digetaalsch Klock

דקה

Minuut

שעה

Stunn

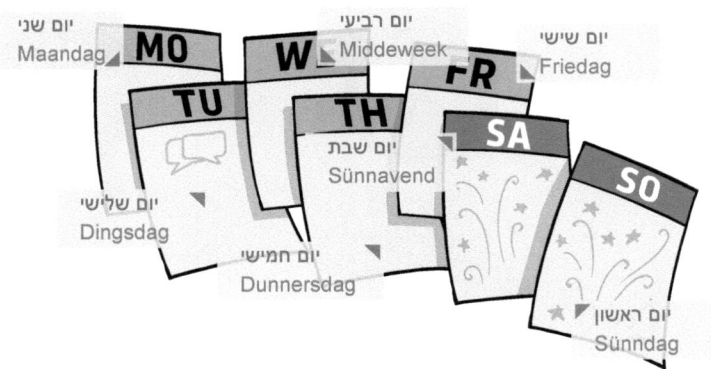

שבוע

Week

MO
TU
W
TH
FR
SA
SO
יום שני
Maandag
יום שלישי
Dingsdag
יום רביעי
Middeweek
יום חמישי
Dunnersdag
יום שישי
Friedag
יום שבת
Sünnavend
יום ראשון
Sünndag

אתמול
....
güstern

היום
....
hüüt

מחר
....
morgen

בוקר
....
Morgen

צהריים
....
Meddag

ערב
....
Avend

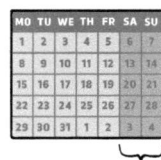

ימי עבודה
....
Arbeitsdaag

סוף שבוע
....
Wekenenn

שנה

Johr

גשם
Regen
קשת בענן
Regenbagen
שלג
Snee
רוח
Wind
אביב
Fröhjohr
סתיו
Harvst
קיץ
Sommer
חורף
Winter

4.APRIL 11°
5.APRIL 4°
6.APRIL 13°
7.APRIL 8°
8.APRIL 10°

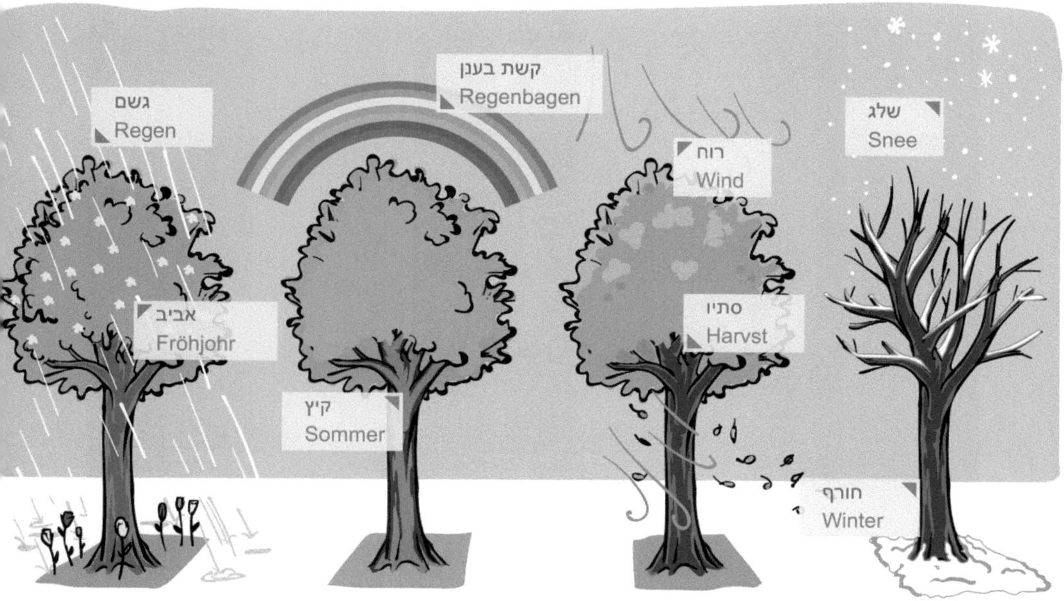

תחזית מזג האוויר

Wedervörhersaag

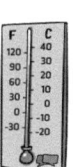

F
0
10
0
-10

מד חום

Thermometer

אור שמש

Sünnenschien

ענן

Wulk

ערפל

Nevel

לחות

Luftfuchtigkeit

ברק

Blitz

רעם

Dunner

סערה

Storm

ברד

Hagel

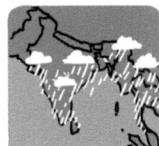

רוח עונתי

Monsun

שיטפון

Floot

קרח

Ies

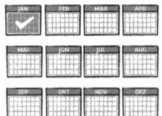

ינואר

Januormaand

פברואר

Februormaand

מרץ

Martmaand

אפריל

Aprilmaand

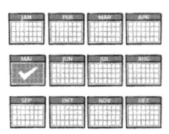

מאי

Maimaand

יוני

Junimaand

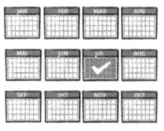

יולי

Julimaand

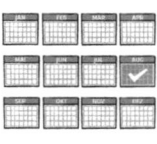

אוגוסט

Augustmaand

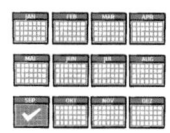

ספטמבר

Septembermaand

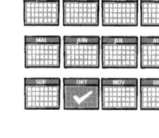

אוקטובר

Oktobermaand

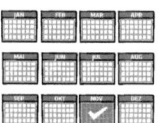

נובמבר

Novembermaand

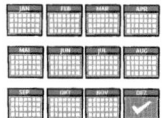

דצמבר

Dezembermaand

צורות

Formen

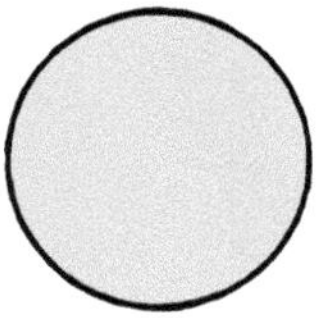

עיגול

Krink

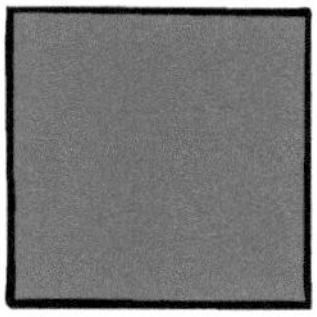

מרובע

Quadrat

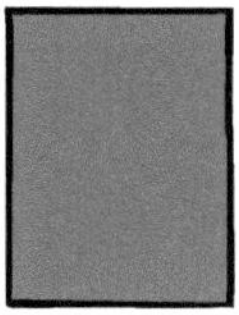

מלבן

Rechteck

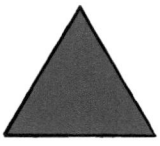

משולש

Dreeeck

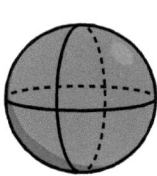

כדור

Kugel

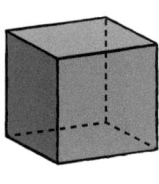

קובייה

Wörpel

צבעים
Farven

לבן

witt

צהוב

geel

כתום

orangsch

ורוד

pink

אדום

root

סגול

lila

כחול

blau

ירוק

gröön

חום

bruun

אפור

gries

שחור

swart

הפכים
Gegendelen

יפה / מכוער

smuck / mies

כועס / רגוע

böös / verdreeglich

הרבה / מעט

veel / wenig

בהיר / כהה

hell / düüster

גדול / קטן

groot / lütt

התחלה / סוף

Begünn / Enn

שלם / חלקי

kumpleet / nich kumpleet

נקי / מלוכלך

schier / schietig

אח / אחות

Broder / Süster

רחב / צר

breet / small

מת / חי

doot / lebennig

יום /לילה

Dag / Nacht

אכיל / לא אכיל

geneetbor / nich geneetbor

רשע / טוב לב

böös / fründlich

מתרגש / משועמם

fickerig / langwielt

שמן / רזה

dick / dünn

ראשון / אחרון

toeerst / toletzt

חבר / אויב

Fründ / Fiend

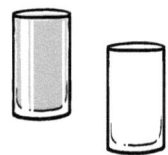

מלא / ריק

vull / leddig

קשה / רך

hart / week

כבד / קל

swoor / licht

רעב / צמא

Smacht / Döst

חולה / בריא

krank / gesund

בלתי-חוקי / חוקי

nich na't Recht / na't Recht

נבון / טיפש

klook / dummerhaftig

שמאל / ימין

linkerhand / rechterhand

קרוב / רחוק

neeg / feern

חדש / משומש

nieg / bruukt

כלום / משהו

nix / wat

זקן / צעיר

oolt / jung

פעיל / כבוי

an / ut

פתוח / סגור

apen / slaten

שקט / רועש

lies / luut

עשיר / עני

riek / arm

נכון / שגוי

richtig / verkehrt

מחוספס / חלק

ruug / glatt

עצוב / שמח

trurig / glücklich

קצר / ארוך

kort / lang

איטי / מהיר

suutje / flink

רטוב / יבש

natt / dröög

חם / קר

warm / köhl

מלחמה / שלום

Krieg / Freden

מספרים
Tallen

0	1	2
אפס	אחת	שתיים
null	een	twee
3	4	5
שלוש	ארבע	חמש
dree	veer	fief
6	7	8
שש	שבע	שמונה
söss	söven	acht
9	10	11
תשע	עשר	אחת-עשרה
negen	teihn	ölven

12

שתים-עשרה

twölf

13

שלוש-עשרה

dörteihn

14

ארבע-עשרה

veerteihn

15

חמש-עשרה

föffteihn

16

שש-עשרה

sössteihn

17

שבע-עשרה

söventeihn

18

שמונה-עשרה

achtteihn

19

תשע-עשרה

negenteihn

20

עשרים

twintig

100

מאה

hunnert

1.000

אלף

dusend

1.000.000

מיליון

million

Spraken

אנגלית

....

Engelsch

אנגלית אמריקאית

....

Amerikaansch Engelsch

סינית מנדרינית

....

Chineesch Mandarin

הודית

....

Hindi

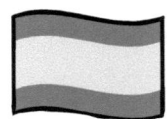

ספרדית

....

Spaansch

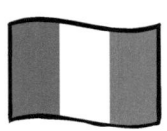

צרפתית

....

Franzöösch

ערבית

....

Araabsch

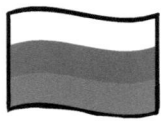

רוסית

....

Rusch

פורטוגזית

....

Portugiesch

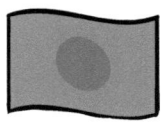

בנגלית

....

Bengaalsch

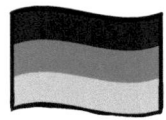

גרמנית

....

Düütsch

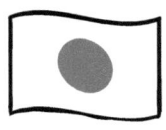

יפנית

....

Japaansch

מי / מה / איך
wokeen / wat / wo

אני

ik

אתה / את

du

הוא / היא / זה

he / se / dat

אנחנו

wi

אתם

ji

הם

se

מי?

keen?

מה?

wat?

איך?

woans?

איפה?

woneem?

מתי?

wannehr?

שם

Naam

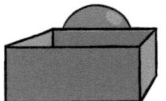

איפה

wo

לפני

vör

בתוך

in

מאחור

achter

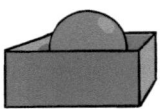

מתחת

ünner

על

op

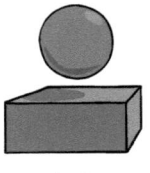

מעל

över

מקום

Oort

בין

twüschen

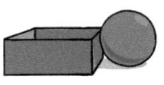

ליד

blangen

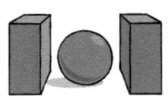